QUELQUES RÉFLEXIONS

SUR LES

ÉVÉNEMENTS ACTUELS

DE

L'AFRIQUE

LETTRE A UN AMI

PAR

M. LE Dr BONNAFONT

Médecin principal des Armées, en retraite : etc.

CREUSOT

IMPRIMERIE A. TEMPORAL, RUE DE CHALON

—

1881

QUELQUES RÉFLEXIONS

SUR LES

ÉVÉNEMENTS ACTUELS

DE

L'AFRIQUE

QUELQUES RÉFLEXIONS

SUR LES

ÉVÉNEMENTS ACTUELS DE L'AFRIQUE

LETTRE A UN AMI

Le Creuzot, le 7 novembre 1881.

Cher Monsieur,

Il y a dix jours, en nous rendant ensemble dans le même wagon de Rives à Digne, nous nous sommes extasiés sur la voie ferrée qui y conduit : vrai merveille de l'art qui glisse et serpente jusqu'au haut des Alpes Dauphinoises dominant, tantôt à droite, tantôt à gauche, selon le caprice des montagnes, des vallées d'une incomparable beauté. Je recommande ce parcours aux touristes, amateurs de la belle et imposante nature.

Mais arrivé sur le plateau de Veynes, le paysage changea et la conversation aussi. Sachant que j'avais habité l'Algérie et assisté à la conquête d'Alger, vous me demandâtes ce que je pensais de ce pays, question à l'ordre du jour, et si discutée en ce moment. En ma qualité de vieux Algérien, me retrouvant sur un terrain que j'avais foulé durant plusieurs années, je ne me fis pas prier ; je craignis même d'abuser de votre bienveillante attention en vous racontant mes impressions sur les hommes et sur les choses de ce pays qui parurent vous intéresser vivement. Au moment de nous séparer à Digne, vous, pour rester quelques jours dans cette petite ville si pittoresquement placée, et moi pout aller à Cannes, vous me dites qu'ayant l'intention d'aller en Algérie et d'y faire quelques acquisitions, vous me fites promettre de vous envoyer, par écrit, une note sur l'entretien que nous venions d'avoir pendant notre court voyage. La demande fut faite d'une manière si flatteuse que la promesse ne pouvait se faire attendre.

J'ai donc, en continuant mon voyage, recueilli mes souvenirs et je viens, en courant, m'acquitter de ma dette ; vous donner une esquisse succinte sur l'opinion que je me suis faite des indigènes pendant les douze années qui ont suivi la conquête. Bien qu'il se soit écoulé une assez longue période depuis cette époque, le sol a pu subir et a subi de très heureuses et fructueuses transformations, tandis que le caractère, les mœurs et surtout la religion des Arabes sont empreints d'une telle immobilité, que les impressions d'alors peuvent, à peu d'exceptions près, être prises encore au sérieux.

Témoin des événements qui se sont accomplis dans ce pays durant plusieurs années, je suis étonné des arguments dont la polémique opposante se sert pour blâmer les opérations actuelles, commandées par d'impérieuses circonstances et où l'honneur de la France était forcément engagé.

Malgré les fatigues et la misère, qu'armée et colons ont eu à supporter en Algérie pendant les premières années de l'occupation, j'ai toujours eu confiance dans l'avenir de notre conquête. Cette confiance est bien justifiée maintenant par les améliorations et les transformations de tout genre qui s'y sont accomplies et que j'ai eu l'extrême plaisir de constater, dans les trois provinces, pendant la dernière tournée que j'y ai faite cette année. L'Algérie s'est métamorphosée : des villes de 15, 20 et 30,000 habitants dressent leurs clochers sur un sol, où, il y a quelques années, l'armée avait de la peine à passer à travers les palmiers chamerops, des lentisques, etc., telles que Sidi-Bel-Abès, Orléanville, Guelma, Philippeville, etc., sans compter les nombreux villages où on arrive par de belles avenues de platanes, de marronniers, d'Eucalyptus, de frênes, donnant aussi sur des jardins bien cultivés et les entourant d'une riante et verdoyante ceinture. En résumé, après avoir visité en détail notre colonie, depuis Tlemcen jusqu'à Bône et poussant une pointe jusqu'à Biskra, voici quelle a été mon impression : Si les progrès accomplis jusqu'à présent continuent leur mouvement ascendant, et il faut espérer qu'il en sera ainsi, les résultats étonneront bientôt les plus incrédules, surtout pour la récolte de vin. Il est impossible de se faire une idée de la prospérité des plantations de la vigne dans les trois provinces, qui suffit presque à la consommation de ses habitants ; le temps n'est pas éloigné où la récolte de vin étonnera la France. Le commissaire du bateau à vapeur, la *Ville de Tanger,* qui fait le service d'Oran à Malaga, m'a assuré que la province d'Oran en a exporté, l'année dernière, *quelques centaines d'hectolitres ;* dans peu d'années, c'est par milliers que cette exportation se comptera. En présence d'un pareil résultat, je suis étonné de la polémique qui s'est engagée contre ce beau et magnifique pays et surtout des arguments dont la presse opposante se sert pour le critiquer.

La polémique actuelle, contre les opérations de la Tunisie, me rappelle celle de même nature qui eût lieu avant l'expédition d'Alger, en 1830.

A peine eût-on connaissance, en France, du coup d'éventail donné à notre Consul par le Dey d'Alger, tous les journaux de l'opposition firent chorus pour pousser le

Gouvernement à venger une pareille injure. Le Gouvernement ne demandait pas mieux, comme il l'a prouvé; mais il voulait réfléchir; il réfléchit et il fit bien. La presse du côté gauche, prenant ce silence pour de la pusillanimité, criait plus fort et semait de fâcheuses idées dans toute la France.

En attendant, le Gouvernement laissait dire et ne perdait pas son temps; les préparatifs de l'expédition se faisaient activement et silencieusement dans tous les ports de mer, surtout à celui de Toulon.

Mais, chose curieuse, aussitôt qu'on apprit que l'expédition était décidée et la Marine prête à transporter le corps expéditionnaire avec tout le matériel nécessaire, l'opposition fit tout-à-coup volte-face et il n'y eût pas d'arguments qu'elle ne fit valoir contre cette entreprise, soi-disant téméraire, qui allait exposer l'armée à un danger réel, et la France à subir un échec désastreux et entraîner à des dépenses folles et inutiles. A l'appui de leur dire, les journaux rappelaient, à qui mieux mieux, les désastres essuyés dans toutes les tentatives précédentes, par les puissances, surtout celle, si désastreuse, par l'Espagne, sous Charles-Quint. Le Gouvernement laissa dire encore. L'expédition se fit; et aussitôt que les résultats en furent connus, il faut rendre justice à la presse opposante, elle n'accueillit pas avec moins d'enthousiasme, le magnifique succès que l'armée et le Gouvernement venaient d'obtenir.

Il faut espérer qu'il en sera de même actuellement; et que les évènements qui se préparent en Algérie, surtout en Tunisie, auront le même succès, lesquels seront proclamés avec non moins de patriotisme que ceux de 1830, même par les journaux les plus dissidents, s'ils sont rédigés par des hommes au cœur réellement français.

Permettez-moi de passer à un autre sujet non moins intéressant; je veux parler de la question des indigènes arabes; ce qu'ils sont et ce qu'il est possible d'en obtenir au point de vue de l'assimilation. Sur ce point, si débattu et discuté depuis notre conquête, la presse est encore aussi dissidente ; les opinions aussi indécises ; et les jugements aussi mal équilibrés.

Peu de temps après la conquête et après quelques relations avec les indigènes, il se forma, de suite, deux opinions bien arrêtées en sens contraire, comme elles le sont encore. Des hommes intelligents et observateurs, sans parti pris, se sont heurtés à ce travail : croyant être bien fixés à l'endroit du caractère des Arabes, ils ont été obligés, après une étude plus approfondie, de changer leur jugement. C'est ainsi que des arabophyles, *bien convaincus,* sont devenus presque arabophobes, et *vice-versa.* Dès le début de la conquête, l'arabophylie dominait tous les esprits ; nous étions persuadés qu'une administration bienveillante et juste ferait bientôt des prosélytes parmi la classe intelligente et instruite des indigènes, surtout sur les Maures et les Conlouglis. Mais au fur et à mesure qu'on pénétrait plus avant dans leurs mœurs, leurs usages, etc., on s'apperçut que notre administration, à laquelle ils étaient obligés d'obéir, ne poussait pas de profondes racines sur ce sol réfractaire à nos institutions, et qu'il glissait à la surface sans laisser des traces même sur l'écorce.

Pour bien apprécier et juger le caractère des Arabes, il est nécessaire de les diviser en deux classes bien distinctes :

L'Arabe nomade et l'Arabe sédentaire.

1º L'Arabe nomade est uniquement guerrier ; il aime la guerre et le bruit des combats, il se dilecte à l'odeur de la poudre et les coups de fusils constituent sa principale distraction ; la culture de la terre est trop prosaïque pour lui, il l'abandonne aux soins de la femme ; c'est la femme qui sème et récolte pendant que son maître galope et caracole sur son coursier plus ou moins ardent ; fanatique et superstitieux au suprême degré, esclave de sa religion, il se laisse facilement entraîner à la révolte contre nous, par le premier Hadji qui ar   élérinage à la Mecque.

et vient lui prêcher la guerre Sainte au nom du Grand-Prophète.

2° L'Arabe sédentaire, le Cabaïle, par exemple, a été notre plus cruel ennemi. Perché au sommet des montagnes comme des vautours; les villages défendus par l'absence de tout moyen de communication et par une enceinte infranchisable d'une haie de cactus, il supposait, qu'à l'exemple des Turcs, nous n'oserions jamais tenter d'escalader leurs montagnes abruptes défendues, en outre, par une population courageuse et se servant adroitement du fusil. Le Cabaïle est, en outre, industrieux et bon cultivateur ; il est forgeron, maçon, taillandier, armurier, fabricant de monnaie, etc. Son intelligence appliquée à des travaux si utiles et peu contemplatifs, il en résulte que le Cabaïle est moins supertitieux, et moins accessible aux prédications révolutionaires. S'il a pu l'être dès le début de la conquête, il est devenu plus prudent, sinon plus dévoué, depuis qu'il a eu la preuve que tous les obstacles derrière lesquels il se croyait *complètement* à l'abri de nos armes, ont été franchis et que les routes qui traversent maintenant leur magnifique pays, le met tout-à-fait à notre disposition.

Par toutes ces raisons, il peut être permis d'espérer que les Cabaïles, attachés à leur sol, aimant le travail, trouvant dans leurs relations avec nous un écoulement facile de leurs produits et un bénéfice très rémunérateur, ils seront moins ou peu disposés à la révolte, à condition qu'on respecte leur tranquillité. Quant à leur assimilation, il n'y faut pas songer, malgré l'espoir et même l'assurance qu'en donnent quelques publicistes éminents. Avec le temps, ils pourront, *peut-être*, devenir des auxilliaires dévoués, mais seulement, par intérêt, à notre cause.

En résumé, il faut que la France s'habitue à voir guerroyer, plusieurs années encore, notre armée en Algérie ; car il se trouvera, à des époques plus ou moins éloignées ou rapprochées, un des indigènes fanatique qui, après avoir fait une ou deux et même trois fois le pélérinage à la

Mecque, reviendra, sous le nom d'*Hadji* et se disant inspiré de l'esprit de Mahomet, leur prêcher la Guerre sainte, pour chasser les Infidèles au nom du Grand-Prophète qui leur réserve de si douces récompenses.

Du reste, l'Arabe qui veut rester immuable maintenant comme il y est demeuré sous les Romains et les Vandales, il méprise nos institutions ; il sera d'ailleurs et veut-être ce qu'il a été pour les autres conquérants, notre ennemi acharné. On sait que les fiers Romains, *deux siècles* après leur conquête, étaient encore obligés de repousser cet ennemi insaisissable qui s'appelait alors Numide. Ce qui n'a pas empêché les Romains de persévérer : convaincus des ressources que ce pays leur promettait, ils y ont fait des merveilles en tous genres ; et, en hommes positifs qu'ils étaient, ils se dirent que les avantages que Rome retirerait de cette possession, au double point de vue politique et commercial, valaient bien le sacrifice de quelques hommes et de quelques millions. Pourquoi la France ne ferait-elle pas comme Rome ? les conditions étant à peu près les mêmes, peut-être plus difficiles, c'est vrai, car nous avons en plus des Romains, un élément qui n'existait pas encore chez les Arabes ; je veux parler de l'élément religieux, arme redoutable chez tous les peuples, si terrible et si acérée chez le fanatique habitant de l'Algérie et du Sahara algérien.

L'histoire nous apprend, il est vrai, que les Romains étaient peu indulgents à l'endroit des peuples conquis et les moyens qu'ils employaient, pour les soumettre, peu philantropiques.

Il n'en peut être de même à notre époque, avec les progrès de la civilisation et les moyens de pacification que l'instruction et l'éducation ont mis entre les mains des conquérants. La France qui marche à la tête des nations les mieux dotées et la plus généreuse, saura, il faut l'espérer, user de tous ses moyens pour atteindre un résultat plus prompt que les Romains et accomplir sa mission si essentiellement humanitaire.

Afin de compléter cette courte notice, je vais citer quelques exemples qui temoigneront de la confiance qu'on doit accorder à cette race, au point de vue politique et administratif.

Sidi-Ben-Harah, après avoir fait sa soumission, resta quelques années notre allié et ami ; mais il accepta, en 1835, le Beylicat de Mélianah d'Abdel-Kader et devint, par la suite, notie cruel ennemi. C'était un homme superbe de prestance, instruit et intelligent ; il fut le conseiller le plus intime et le plus dévoué de l'Émir contre nous.

Benzamoun et *Boldani,* deux cheiks des Hatjouts, tantôt nos alliés et nos amis, et tantôt, mais plus souvent, nos plus cruels ennemis, mettant à feu et à sang la plaine de la Mitidjah, égorgeant nos malheureux colons, n'épargnant ni les femmes, ni les enfants, et déployant, avec forfanterie, le burnous rouge qu'ils avaient reçu en investiture et en signe de leur soumission.

Mustapha-Ben-Mizrac, bey de Titeri, celui que le Dey d'Alger avait signalé à Bourmont, comme le plus fourbe des hommes ; il viendra, ajouta Hussein-Dey, s'offrir et vous promettre d'être fidèle, mais il vous trahira à la première occasion. J'avais résolu, depuis quelque temps, de lui faire trancher la tête ; votre arrivée l'a sauvé de ma colère. Cette prédiction ne tarda pas à s'accomplir. A peine Alger pris, Mustapha vînt se prosterner aux pieds du général Bourmont et lui fit le serment le plus solennel d'obéissance et de fidélité. Cet engagement pris, il revint à son poste, à Médeah. Un mois après environ, il engage le général à faire une reconnaissance jusqu'à Blidah : « La présence de l'armée française aura, pour effet « immédiat, disait-il à Bourmont, de faire naître la « confiance et de hâter la soumission de toute la pro- « vince. » D'autres notables du pays, surtout le nouvel aga *Haman-Ben-Secca* qui proposait alors un arrangement particulier entre les Français et les Cheiks arabes de la province d'Alger, représentaient, à de Bourmont, que le Bey de Titeri, connu comme le plus fourbe des hommes, cherchait à l'attirer dans un piège. Ils lui représentaient qu'il serait bon de ne pas s'aventurer aussi loin d'Alger, avant de s'être assuré des dispositions amicales des peuplades voisines. Mais le Maréchal, ayant promis au Bey de Titeri d'aller examiner, par lui-même, l'état des choses, repoussa ces prudentes et sages observations. « J'ai promis, « répondit-il, d'aller à Blidah, je passerais pour avoir « peur si je ne tenais pas ma parole. »

Le Maréchal, trop confiant, fit cette reconnaissance avec une trop faible escorte ; et, à peine arrivé à Blidah, on ne trouva que des ennemis ; l'aide-de-camp du général, M. de Trelan, y fut tué et le petit détachement, aux prises avec les Cabaïles, eût même beaucoup de peine à rentrer à Alger. Le fidèle et si dévoué Bey avait fait entendre aux Cabaïles, que le mouvement, opéré sur Blidah par le général, avait pour but de couper leurs communications, de les envelopper et de les détruire successivement.

Hussein-Dey, lui-même, est un exemple frappant de cette foi africaine ; ainsi après avoir témoigné de sa plus sincère reconnaissance au maréchal Bourmont, de sa générosité à son égard, qu'il n'oubliera de sa vie, il ajoutait que si jamais il se trouvait dans le besoin, c'est au roi de France qu'il s'adresserait.

Eh bien ! deux années après ce serment si solennel, on arrêta à Bône vingt Arabes qu'on trouva porteurs de lettres de Hussein-Dey, à l'adresse de tous les Chefs de tribus, les engageant à se mettre contre les *roumis,* tous ces mécréants que le Grand-Prophète a en exécration. « Ils sont faibles, disait-il, il faut profiter de ce moment « pour les chasser d'une terre qu'ils souillent depuis deux « ans. Mahomet vous envoie des sabres, servez-vous en, « et ne les ôtez de leurs fourreaux que pour faire tomber « la tête d'un Français. Tels sont mes vœux, tels sont aussi « ceux de Mahomet qu'il vous transmet par mon organe.

« De douces et voluptueuses récompenses seront réservées
« à ceux qui mourront en défendant la bannière de
« l'Ilsman. Moi, j'en réserve de grandes à ceux qui
« m'aideront à *replanter,* sur la Casbah d'Alger, l'étendard
« de notre Grand-Prophète.. dans peu je serai avec vous. »

A ces exemples, pris parmi les chefs principaux, nous
pourrions citer nombre de Cheiks qui, après avoir juré,
par Mahomet, leur soumission et leur fidélité, étaient
quelques mois après à la tête des combattants ennemis,
étalant avec une certaine forfanterie le burnous rouge
qu'ils avaient reçu comme investiteur et gage de leur
soumission.

A ces faits un peu anciens, je peux en ajouter un tout
récent, dont j'ai été témoin, cette année, au mois d'avril
dernier, qui vient corroborer ses aînés et donner l'assurance qu'il peut avoir et qu'il aura encore dans l'avenir
des complices.

Lors de mon passage à Guelma, on arrêta le Caïd, homme
jeune, trés considéré, dont le devouement aux Français et
les services qu'il avait rendus à notre cause lui avait mérité
d'être décoré de la Croix d'honneur. Eh bien ! malgré les
preuves de dévouement qu'il avait dû donner pour
mériter une si noble récompense, il a tout oublié ou mieux
renié pour se mettre à la tête de l'insurrection dans cette
contrée. Dénoncé, il fut arrêté le jour même de mon arrivée
à Guelma, avec dix-sept de ses complices. Uue perquisition,
dans son domicile, fit découvrir une correspondance très
compromettante, *des armes,* et une collection du journal
le *Mostakel.*

Je terminerai ces quelques citations par un fait bien
significatif. Je fréquentais à Alger le fils d'un haut per-
sonnage indigène qui avait été ministre sous le gouvernement du dey Hussein. C'était un jeune homme instruit,
parlant bien le français et l'italien qu'il avait appris en
France et en Italie. Familiarisé à nos usages il venait de
temps en temps dîner avec moi. Un jour (1835) en nous

promenant sur la place du Gouvernement je lui demandai ce qu'il pensait des français ; il me répondit qu'ils étaient un grand peuple ; mais qu'en fesant la conquête de son pays ils avaient détruit leur position, compromis leur fortune, etc., mais que s'il était le plus fort il nous jetterait tous à l'eau ; et toi le premier, ajouta-t-il en riant ?

Si les personnages les plus hauts placés, les plus riches, les plus intelligents, les plus instruits et par conséquent les plus conscients de leurs actes se sont conduits ainsi avec nous, que peut-on penser des classes subalternes, ignorantes et supersticieuses ?...

Je lis dans la *Liberté* du 2 novembre une dépêche de l'*Agence Havas* le paragraphe suivant concernant la marche de corps d'armée du général Forgemol dans le sud de la Tunisie.

« On sait que ces expéditions dans le sud, dit la dépê-
« che, sont de simples démonstrations et donnent rare-
« ment lieu à des combats dans ces immenses plaines où
« rien ne fait obstacle à notre tir. Les indigènes se gardent
« bien de nous attaquer et nous accablent de démonstra-
« tions d'amitié ; ce n'est que dans les montagnes ou
« derrière les créneaux des fortifications que l'Arabe
« essaie de tenir tête à nos troupes. »

Mais c'est la tactique des Arabes comme elle fut celle des Numides. C'est celle qu'Abdel-Kader nous a opposée jusqu'à ce qu'il eut une armée organisée et qu'il crut pouvoir mettre en face de la nôtre, comme c'était son rêve depuis longues années. Mal lui en prit, car il paya cher, à Isly, cette confiance prématurée.

A l'appui de cette citation je terminerai mes réflexions par une anecdote qui s'est passée à Oran, en 1837, pendant un dîner chez le maréchal Bugeaud, la veille du départ pour l'expédition de la Tafna.

En ma qualité de chirurgien en chef de l'ambulance de l'état-major général, Bugeaud m'invita à dîner.

Le dîner fut très gai, Bugeaud était un conteur agréable,

ayant dans son sac de nombreuses anecdotes. Au nombre des convives se trouvait le grave et sévère général Rullières, que j'avais beaucoup connu colonel du 35e de ligne. L'amphitrion amena la conversation sur ses souvenirs de jeunesse pendant le campagne d'Espagne de 1823.

Il prit surtout à partie le général Rullières auquel il ne donnait pas le temps de répondre ; celui-ci qui avait la fibre nerveuse fort irritable, et chez qui le sang prenait facilement la direction de la tête, se contenait tant qu'il pouvait. Bugeaud, qui le tutoyait, continuait en riant à lui rappeler quelques folies de jeunesse, à Séville, à Cadix, etc.

Tout le monde riait, excepté Rullières ; il allait prendre sa revanche et répondre à Bugeaud, lorsque parut Allegro qui avait été envoyé près d'Abdel-Kader par le Général en chef pour lui faire connaître ses intentions de le combattre à outrance, et de détruire ses récoltes s'il ne se décidait à accepter les conditions de paîx qu'il lui proposait.

L'apparition de ce messager important coupa court à la conversation et le Général convia Allegro à lui rendre compte de sa mission.

Voici à peu de chose près le récit qu'il fit et la réponse de l'Emir .

« Tu me propose la paîx à des conditions que je ne
« puis accepter.

« Tu dis que tu me poursuivras jusqu'au désert; que tu
« brûleras la moisson si je ne veux t'attendre pour accepter
« la bataille ; mais la terre est grande ; je peux, moi, m'en
« aller ; toi, au contraire, tu ne peux me suivre. Je sais aussi
« bien que toi, que tu ne peux emporter des vivres que pour
« un certain nombre de jours ; vingt-six environ ; treize pour
« aller, autant pour t'en retourner.

« Et bien ! tant que tu marcheras en avant je te laisse-
« rai venir, n'ayant pas, comme toi, une armée bien
« organisée et aussi instruite que la tienne; ne pouvant te
« résister, j'aurai soin de ne te laisser aucune ressource sur

« ton passage ; mais quand tu t'arrêteras, je m'arrêterai
« pour te surveiller ; sitôt que les vivres t'obligeront à
« battre en retraite, je tomberai sur le derrière de ton
« armée en lui faisant le plus de mal possible ; battant en
« retraite moi-même si tu fais un mouvement de mon côté.

« Tu me menaces d'incendier la moisson. Ecoute ceci :
« l'expédition va te coûter la somme de : (Ici je ne me
« rappelle pas le chiffre qu'Abdel-Kader avait indiqué.)
« Mais il se rappprochait beaucoup de la vérité. Eh bien !
« donne-moi seulement le quart de cette somme, ajoutait
« l'Émir, je te jure de brûler le double de la moisson que
« ton armée pourrait détruire. »

A la fin de ce récit, le Général Bugeaud poussa un
juron à faire éclater toutes les vitres, en disant que
l'Emir avait peut-être raison.

Après cet incident, Bugeaud prit congé en saluant ; tout
le monde alla se coucher et se préparer au départ.

Tels sont, cher Monsieur, les renseignements écrits à
la hâte et un peu décousus que ma mémoire a pu réunir.
Mais tels quels, ils vous serviront, j'espère, de jalons pour
ceux que vous pourrez prendre vous-même et que je serai
heureux de recevoir à mon tour, selon la promesse que
vons m'avez faite.

Sur ce, je vous souhaite bon voyage et suis votre
tout dévoué.

Dʳ BONNAFONT.